NOTICE

SUR

M. LE BARON AUGUSTE

DE STAËL-HOLSTEIN,

LUE A LA SOCIÉTÉ VAUDOISE D'UTILITÉ PUBLIQUE

PAR

C. MONNARD,

ET PUBLIÉE PAR DÉCISION ET AUX FRAIS DE LA SOCIÉTÉ.

Le produit de la vente sera affecté à quelque objet d'utilité publique.

LAUSANNE,

IMPRIMERIE DE HIGNOU AINÉ.

1827.

NOTICE

SUR

M. LE BARON AUGUSTE

DE STAËL - HOLSTEIN.

MESSIEURS !

A peine notre Société, récemment organisée, reçoit-elle les témoignages de l'intérêt qu'elle a fait naître parmi les citoyens éclairés de ce canton, que déjà elle est appelée à déplorer pour la seconde fois une perte douloureuse. Dans cette séance même où elle vient de recevoir un accroissement considérable, ses regards attristés se portent vers la tombe où l'un de ses plus jeunes membres est allé rejoindre sa glorieuse famille. Ainsi, Messieurs, à notre début dans la carrière ouverte devant nous, les lois éternelles qui président aux destinées humaines nous ordonnent de ne pas nous reposer avec trop de confiance sur les hommes qui sembleraient légitimer le plus noble espoir, mais d'attendre nos succès de l'esprit général qui nous unit, nous inspire, et qui, seul à l'abri des traits de la mort, doit nous survivre à tous avec quelques-unes de ses œuvres.

Dès nos premiers travaux, nous voyons disparaître du milieu de nous un magistrat, dont la longue expérience promettait à nos efforts les directions de la sagesse et d'une vertu souvent éprouvée (1); nous voyons disparaître un jeune philanthrope, dont le cœur et la raison faisaient servir au bonheur et au perfectionnement de l'humanité les ressources d'une brillante fortune, et qui avait déjà su rendre respectable à de nouveaux titres un nom d'une célébrité immense. Prêtons l'oreille, Messieurs, à cette double leçon qui afflige nos âmes. Au lieu de placer mollement nos espérances dans quelques vies individuelles, que nous aimons à croire aussi durables qu'elles sont utiles, apprenons à ne compter que sur la vie générale de notre So-

---

(1) M. *Philippe* Secretan-Forneret, membre du Grand Conseil et du Tribunal d'Appel, ancien membre du Directoire helvétique.

ciété, sur une activité qui soit celle de tous; et néanmoins travaillons individuellement comme si chacun de nous devait seul assurer la prospérité de notre association. Léguons-lui un jour l'exemple d'une existence bien employée, le fruit de nos peines et ces semences du bien que la pensée dissémine dans les âmes et que le temps y fait germer.

Tel est l'héritage que nous laisse M. le baron *Auguste* DE STAËL, dont la récente nomination à la vice-présidence était un honneur que notre Société avait ambitionné.

Le culte d'amour et de respect qu'il rendit à la plus aimante des mères, tant qu'elle vécut, et qu'il ne cessa de rendre à sa mémoire que lorsqu'il cessa de vivre lui-même; la vénération (car c'est là le mot propre), la profonde affection qu'avaient vouées à ce fils, à ce frère, à cet ami si tendre, tous ceux qui vivaient dans son intimité, disent ce qu'il fut pour sa famille et pour ses amis : la tâche imposée à notre reconnaissance, est de rappeler ce qu'il fit pour améliorer l'*industrie*, le sort des *pauvres*, l'*éducation* du peuple, triple but que notre Société se propose, et que M. de Staël se proposait également dans le cercle d'activité qu'il s'était tracé.

Auguste-Louis baron DE STAËL-HOLSTEIN naquit à Paris en 1789; mais il passa le temps de son enfance à Coppet, où M. Necker s'était retiré avec sa famille, lorsque les événemens de la révolution l'écartèrent du poste éminent auquel l'avait appelé la confiance publique. De cette époque date le vif et durable attachement de M. de Staël pour notre Canton (1).

Jamais jeune homme ne fut placé dans une situation plus favorable à un grand développement intellectuel. Elevé sous les yeux de sa mère et de M. Necker, incessamment témoin d'entretiens spirituels et profonds sur la politique et les sciences, sur la littérature et les beaux arts, il vivait, pour ainsi dire, dans une athmosphère de sentimens et de pensées d'un ordre élevé. Il a dû à cette heureuse position la variété de connaissances qu'on admirait en lui, et l'étonnante facilité à concevoir et à s'exprimer qui donnait à son commerce un charme si entraînant. Néanmoins son instruction ne se borna

---

(1) Voyez à la fin la note A.

point aux connaissances qu'il puisait habituellement dans la société de sa famille et des hommes distingués réunis autour d'elle comme autour d'un centre commun. M. de Staël possédait plusieurs langues vivantes, et n'était étranger à aucune des sciences dont les rapides progrès sont un des phénomènes de notre époque. Un séjour qu'il fit, comme externe, à l'école polytechnique, avait développé en lui une grande habileté à manier le calcul, habileté qui le seconda dans l'étude des gouvernemens et des peuples, dans la composition de ses ouvrages et dans ses entreprises philanthropiques.

M. de Staël fut initié de bonne heure au culte des lettres; un maître qui figure au premier rang des littérateurs de l'Europe et occupe une place distinguée parmi les poètes, M. A. G. Schlègel se fit un devoir de lui faciliter l'entrée dans une de ces carrières purement littéraires, où les plaisirs de l'esprit ont le pas sur son perfectionnement moral, et l'honneur de l'espèce humaine sur sa régénération.

Héritier présomptif de la gloire maternelle, entouré de gens de lettres de tous les pays, qui apportaient au château de Coppet leur célébrité comme un hommage au génie, M. de Staël, en péril d'être ébloui par tant d'éclat, eût pu se laisser engager dans une route qui, sans être fausse, eût été d'autant plus dangereuse pour lui, que le nom de sa mère lui imposait de plus grandes obligations. Grâce à la solidité de ses goûts, l'éducation qu'il reçut de son siècle, dont le mouvement philanthropique entraîne tous les esprits généreux, l'emporta sur l'éducation brillante que lui donnèrent ses maîtres (1). Les séductions d'une renommée littéraire ne lui firent point prendre le change sur sa vocation. Comme promoteur de l'industrie, comme bienfaiteur de l'humanité souffrante, comme partisan de l'éducation populaire et nationale, enfin comme écrivain économiste et politique embrassant ce triple objet, M. de Staël eut le bonheur de suivre la route que son cœur, d'accord avec son siècle, lui avait tracée.

Dans ce château qui doit à l'auteur de *Corinne* une illustration imposante, le fils

---

(1) Voyez la note B.

d'une mère si renommée se bornait ou plutôt s'élevait au rôle de bienfaiteur de l'humanité. Mais sa philanthropie n'était ni vague ni dédaigneuse ; elle embrassait, comme la nature, la vie physique et la vie morale, et rattachait la double activité de l'homme à un même principe. Vous savez, Messieurs, avec quel dévouement à la cause de *l'industrie* M. de Staël consacrait une partie considérable de ses revenus à l'amélioration des diverses branches de l'économie rurale. Son opulence lui permit de former des entreprises et de faire des expériences interdites aux modestes fortunes de nos concitoyens. Ses tentatives généreuses exigeaient de continuels sacrifices. Ces sacrifices, M. de Staël les fit sans vue d'intérêt personnel, mais dans le seul intérêt d'un art qu'il chérissait ; il les fit avec constance, car son zèle ne se ralentit point lorsqu'un incendie réduisit en cendres une partie du bel établissement qu'il venait de former (1). Il

(1) Lorsque la ferme de M. de Staël brûla, il était en route de Paris pour Coppet. Il apprit ce malheur à St. Cergues, sur le Jura. *N'y a-t-il eu personne de blessé ?*

aurait fait des sacrifices nouveaux pour étendre et compléter les institutions commencées : dans quelques années, sans doute, l'agriculteur et le jardinier vaudois, comprenant la nécessité d'étudier la nature, les propriétés et l'éducation des diverses espèces d'arbres et d'arbustes, auraient cherché auprès de M. de Staël et auraient ainsi trouvé au sein du Canton de Vaud une hospitalité instructive. En effet, n'étaient-ce pas des habitudes et un ton hospitaliers qui règnaient dans la ferme de Coppet ? L'accès toujours ouvert à cette école d'agriculture, l'accueil gracieux du maître, la bienveillance mise au nombre des devoirs des subordonnés, tout annonçait que M. de Staël était bien moins heureux par l'idée d'avoir créé de vastes établissemens et de faire de grandes expériences que par l'espoir d'en populariser les résultats. Ceux d'entre vous, Messieurs, qui ont assisté aux réunions agricoles de Coppet, retrouvant dans la vivacité de leurs souvenirs le tableau touchant et patriotique qu'elles

fut le premier cri qui s'échappa de son cœur. Dès qu'il sut qu'il avait souffert seul, il fut consolé de sa perte.

offraient à tous les yeux, nous diront avec quelle urbanité cordiale M. de Staël faisait les honneurs de sa ferme, avec quelle bonne foi il aimait les champs et en inspirait l'amour à ses hôtes, avec quelle délicatesse de goût il imprimait à ces fêtes le cachet d'une simplicité sans fard.

Cette simplicité, caractère d'une âme candide que le christianisme a épurée, était chez lui plus que du bon goût, c'était une vertu; il la portait dans la *bienfaisance*; elle nous atteste que sa bienfaisance était de la charité. Sa main aimait à se cacher dans l'ombre pour essuyer les pleurs de l'infortune. Aujourd'hui même que la révélation de tant de beaux exemples est un devoir envers l'humanité, les confidens et les ministres des largesses chrétiennes de M. de Staël craignent de manquer de respect à sa mémoire en racontant les secrets d'une charité si humble. Ce n'est pas sans se faire des reproches qu'ils ont livré à notre admiration quelques traits dans lesquels une si belle âme se découvre tout entière.

Bien que M. de Staël répandit autour de lui d'abondantes aumônes, il n'avait rien de cette prodigalité commode et souvent corruptrice par laquelle tant de riches se débarrassent du spectacle et des sollicitations de l'indigence. Pénétré de l'esprit du christianisme, il soumettait ses bienfaits aux calculs de la prudence chrétienne, et cherchait dans les soulagemens apportés aux maux de la vie physique un moyen de faire naître ou de perfectionner la vie religieuse et morale. Un homme de ce Canton se livrait depuis quelque temps au désordre pour oublier, dans l'étourdissement du vice, ces inquiétudes pécuniaires qui sont, non pas les plus cuisantes des peines, mais celles qui, plus que toutes les autres, rongent l'âme, l'énervent et finissent par la dégrader. M. de Staël, ayant appris à connaître le caractère et les circonstances de cet infortuné, paya ses dettes dans le seul but de le ramener à la vertu.

Depuis l'instant où l'Evangile se fut emparé de son cœur, il aspira de jour en jour davantage à suivre les traces de ce Maître prêt à reconnaître pour disciples ceux qui non-seulement nourrissent l'indigence et habillent la nudité, mais encore prennent soin des malades, recueillent les étrangers et visitent les infortunés jusque dans la prison. Il se rendait en secret dans les demeures de malades pauvres, il bandait leurs plaies de ses propres mains et ne craignait pas le contact des infirmités les plus dégoûtantes, toutes les fois qu'il pouvait les soulager.

Il n'est sans doute pas besoin de dire qu'il fut ami ardent et généreux de cette nation grecque condamnée à gémir sous le poids de tous les maux que peuvent faire l'oppression, la barbarie et l'égoïsme politique.

Aucun genre de souffrance n'échappait à la charité de M. de Staël. Mais « entre les grandes infortunes humaines », dit un écrivain, digne appréciateur de tous ses mérites (1), « une surtout avait remué son âme : il ne pouvait songer à la traite des nègres sans la plus douloureuse indignation. Désolé de voir que, sous le manteau d'une proscription impuissante, elle continuait dans quelques-uns des ports de la France, il entreprit, il y a déjà plusieurs années, de recueillir à ce sujet tous les renseignemens, toutes les preuves,

---

(1) M. F. G. dans le *Globe*, T. VI, n°. 2.

et de tout mettre en œuvre pour ranimer, contre cet assassinat d'une race d'hommes, la colère du public et l'action du pouvoir. Une correspondance très-étendue, des voyages, des publications répétées, des prix proposés, des conférences avec les ministres du roi, des pétitions aux chambres, rien ne fut par lui négligé, rien ne lui coûta pour marcher à son but : il réussit à se procurer et à faire venir à Paris, pour les exposer à tous les regards, les fers clandestinement fabriqués dans quelques ports pour contenir et, au besoin, torturer pendant la traversée les nègres achetés ou enlevés sur la côte d'Afrique. A la vue de ces fers, à la voix de M. de Staël, un prince, qui s'est inquiété des prisonniers (1), s'inquiéta aussi des esclaves, et témoigna hautement son aversion pour un tel crime, sa pitié pour un tel malheur. Dans une séance publique de la *Société de la morale chrétienne*, M. de Staël fit lui-même la démonstration de ces hideuses machines ; ses mains tremblaient en les soulevant, sa voix tremblait en les expli-

(1) S. A. R. Mgr. le Duc d'Angoulême.

quant et toute l'assemblée lui répondit par un cri de colère et de douleur. »

Eclairé par la lumière de l'Evangile, celui qui secourait les indigens avec une ardente mais humble générosité savait aussi que la charité se montre plus généreuse encore lorsqu'elle prévient les maux que lorsqu'elle les soulage. « C'est ainsi qu'il a été l'un des plus actifs fondateurs et des plus utiles administrateurs de la *Caisse d'épargnes* de Paris, la plus salutaire peut-être des institutions qui s'adressent aux classes laborieuses, car elle concourt en même temps, et par les mêmes moyens, à l'amélioration de leur état moral et de leur sort. *La Société de prévoyance* mutuelle des ouvriers protestans, fondée sur les mêmes principes, a reçu également de M. de Staël les conseils et les secours les plus précieux (1). »

Mais de tous les préservatifs contre l'indigence et ses plaies physiques ou morales, connues ou secrètes, le meilleur est incontestablement l'*éducation* et l'activité qu'elle imprime aux esprits, la force dont elle les

---

(1) Le *Globe*, T. VI. n°. 2.

arme. Aussi M. de Staël accordait-il à l'éducation, et surtout à celle du peuple, une grande part dans ses sollicitudes charitables. A peine établi à Coppet, l'un de ses premiers soins fut d'offrir mille francs de France pour l'amélioration d'une école et l'introduction de l'enseignement mutuel. Si cette offre n'eut pas de résultat, il n'en faut point chercher la cause dans le ralentissement d'un premier mouvement de bienfaisance, mais dans les vues des autorités locales. Plusieurs communes ont reçu de lui des secours pour le perfectionnement de l'instruction publique. Des régens, trop faiblement payés pour se dévouer uniquement à l'exercice de leurs fonctions, ont vu leurs salaires augmentés par sa générosité éclairée. Ami de la jeunesse, il la visitait souvent dans les écoles et cherchait à l'encourager. Il se proposait d'en établir pour les plus petits enfans, ordinairement livrés à eux-mêmes ou à la contagion des mauvais exemples, tandis que les parens vaquent à leurs travaux. Ainsi notre Canton lui aurait dû les premiers modèles de ces asyles où la plus tendre enfance trouve un abri

contre

contre les dangers physiques et moraux qui menacent cet âge.

Cependant les écoles ne sont pas le seul moyen de perfectionner l'éducation des classes inférieures. Il y a pour l'homme de talent doué d'un cœur aimant et simple une tribune populaire du haut de laquelle il s'adresse à la multitude ignorante, plus disposée qu'il ne semble à recevoir l'instruction quand on possède le grand art de la donner, cette tribune c'est la publicité. M. de Staël, qui, à Paris, avait coopéré aux travaux et aux publications de la *Société biblique*, de la *Société des traités religieux*, de la *Société de la morale chrétienne*, dont on venait de lui confier la présidence (1); M. de Staël, qui avait combattu dans divers journaux pour les causes les plus généreuses, nourrissait, avec le regret de voir si peu d'écrivains populaires dans la partie française de la Suisse, l'espérance d'en faire naître. Cet espoir allait indubitablement se réaliser sous la double influence de ses encouragemens et de sa

(1) Le fauteuil avait été occupé précédemment par MM. les ducs de Larochefoucauld-Liancourt et de Broglie.

coopération. Déjà il s'était occupé, de concert avec quelques membres de notre Société, d'un almanach populaire, propre à dissiper l'ignorance, les préjugés, les superstitions, propagés par les almanachs vulgaires, qui, trop ordinairement encore, outragent le bon sens. Ne se trouvera-t-il personne au milieu de vous, Messieurs, pour recevoir comme un legs cette intention philanthropique? Certes M. de Staël n'entrevoyait dans ce travail littéraire d'un genre trop long-temps dédaigné aucune espérance d'illustration. Chrétien trop élevé pour demander à l'amour du bien une autre récompense que le bonheur de faire le bien, il alla moins au devant de la célébrité que la célébrité ne vint au devant de lui. Cependant il avait le cœur trop bien fait pour être insensible à cette estime générale que, dans le sens le moins mondain, l'on appelle la gloire. « Y a-t-il dans l'ordre des » choses humaines », demande-t-il quelque part, « un plus noble mobile de nos actions » que l'amour de la gloire et l'enthousiasme » du bien public » (1)? Considéré sous ce

(1) *Notice sur M. Necker*, p. XLI. Voyez la note C.

point de vue, il fallait que M. de Staël eût un talent bien réel pour remplir, comme écrivain, les conditions prescrites par le nom qu'il portait. Tel est, en effet, le mérite de ses deux ouvrages, monumens honorables de sa courte apparition dans ce monde, que, sur l'horizon de la littérature, son nom n'a point pâli devant cet éclat de renommée qui l'environna dès son berceau. Deux choses expliquent le secret de l'estime littéraire dont M. de Staël jouit et qui doit encore s'accroître, le noble caractère de son talent et la cause à laquelle il en a consacré l'usage.

Ce qui nous frappe avant tout dans la *Notice sur M. Necker* (1), de même que dans les *Lettres sur l'Angleterre* (2), c'est le cachet d'un observateur profond et ingénieux tout ensemble, riche d'idées et d'aperçus qui le secondent dans la recherche de la vérité, sans lui faire jamais substituer l'esprit de système à l'esprit d'observation. Cette rectitude de raison et cette justesse de

---

(1) Paris, 1820; Treuttel et Würtz. 1 vol. in-8.

(2) Paris, 1825; Treuttel et Würtz. 1 vol. in-8.

vues trouvent le plus heureux auxiliaire dans une éloquence facile mais énergique, vive mais réfléchie, qui revêt les idées d'un style transparent et original, fécond en expressions heureuses et toujours naturelles.

Par la tendance de ses deux livres, le jeune écrivain nous explique le philanthrope tout entier dont nous n'avons que faiblement esquissé l'image. « Chaque homme », nous dit-il lui-même, « a en lui un centre d'où » émanent toutes ses pensées, auquel se rap- » portent toutes ses actions » (1). Ce centre, cette vie morale de M. de Staël, était *un amour religieux des hommes, qui voyait dans la liberté la condition fondamentale d'une civilisation chrétienne, ainsi que du bonheur individuel et social.* Philanthrope de l'école de cet Evangile qui eut sur son âme une influence progressive, pénétré de respect pour la perfectibilité humaine (2), il cherchait dans les institutions politiques et financières, dans les lois, dans les associations, tout comme dans l'emploi de son

---

(1) *Notice sur M. Necker*, p. CCCXXIV.

(2) Voyez la note D.

temps et de sa fortune, des moyens de rendre les hommes plus heureux en les rendant meilleurs. Aussi était-ce comme condition première du développement de toutes nos forces, comme loi suprême de la vie intellectuelle, morale et civile, que M. de Staël chérissait la liberté en philosophe, mais en philosophe capable d'enthousiasme. « L'ob-
» servation attentive des hommes, la mé-
» ditation constante des vérités fondamen-
» tales sur lesquelles repose la société, l'ont
» conduit à reconnaître que la liberté était
» la seule garantie efficace de la moralité
» des gouvernemens et des nations » (1). Ces paroles, dans lesquelles M. de Staël a caractérisé l'âme de M. Necker, peignent trait pour trait celui dont la main les a tracées (2). Tous les autres principes de sa philosophie sociale se présentent comme une conséquence de celui-là. Rendre l'homme et la société à leur dignité naturelle en les rendant à toute leur activité ; pour obtenir ce résultat, affranchir le peuple de la misère

(1) *Notice sur M. Necker*, p. CCCXXIII et CCCXXIV.

(2) Voyez la note F.

par l'industrie, d'une minorité intellectuelle par la dissémination des lumières (1), du vice par la religion, du monopole religieux par la liberté de conscience; émanciper la société par de bonnes institutions et par la publicité, garantie de tous les droits et de toutes les franchises (2); replacer enfin la liberté politique sur sa base la plus solide et la plus large, le christianisme, tel fut le but de la vie et des écrits de M. de Staël, telle fut la noble cause qu'il ne cessa de défendre, tantôt avec une heureuse élégance et une énergie spirituelle, tantôt à l'aide du plus beau des présens de la nature, de ce talent d'éloquence, qu'il possédait à un si haut degré.

Voilà sous quel jour se présente la vie morale de M. de Staël, on pourrait dire sa vie publique. Car, selon une observation juste autant qu'ingénieuse, consignée dans l'un de ses ouvrages : « Il n'y a point de vie pri-
» vée pour les êtres supérieurs; ils exercent

(1) Voyez la note F.
(2) Voyez la note G.

» par la pensée une magistrature qui s'étend » à tous les pays et à tous les siècles; et » l'on peut dire, en revanche, qu'il n'y a » point de carrière publique pour les hom- » mes médiocres; car dans quelque situa- » tion élevée que le hasard les place, il » leur est interdit de sortir de la sphère » étroite de l'égoïsme » (1).

Cette générosité de pensées sanctionnée par les souvenirs d'une si généreuse vie, nous aimions à la considérer comme un gage de l'exemple que M. de Staël aurait donné sur le grand théâtre de la vie politique (2).

Tôt ou tard ces élections en faveur desquelles il implora la bénédiction céleste peu d'heures avant d'expirer, l'appelant à défendre les intérêts de la France, lui auraient fourni l'occasion la plus belle d'exercer l'influence qu'exerce toujours un caractère noble et indépendant. Et voilà que nous sommes ré-

(1) *Notice sur M. Necker*, p. CCCXII.

(2) Quelques fonctions que M. de Staël eût été appelé à remplir, il eût indubitablement mis en pratique cette belle pensée, émanée d'une belle âme : « Ce n'est jamais que » sa démission à la main qu'un homme fier peut occuper » une grande place ». *Notice sur M. Necker*, p. CLXXXIV.

duits à recueillir ces pensées et ces souvenirs comme un héritage ! Ce que nous prenions pour de brillans essais, était toute la tâche que la Providence lui avait imposée. Elle s'est trouvée remplie lorsque nous la croyions commencée à peine, lorsque tout ouvrait devant M. de Staël une carrière nouvelle, et les besoins de la France et les vœux de notre Canton et la réunion des plus grandes félicités domestiques. Il venait de former ces liens de famille sans lesquels la vie n'est qu'un fragment, et, dans le choix d'une compagne, dans cet acte décisif et caractéristique, bien que sa position sociale et son mérite personnel lui permissent d'opter parmi tous les genres de noblesse, son cœur et sa raison se décidèrent pour la noblesse de la vertu. Déjà il jouissait en espérance de ce doux nom de père qui ne devait point frapper son oreille. Quelques jours encore et il aurait du moins béni de ses mains mourantes le fils destiné sans doute à faire revivre ses vertus, à continuer une vie trop tôt interrompue !

Durant le cours de sa maladie, dont les progrès ont été si effrayans et l'issue si fatale ; dans ces rêveries ineffables qui occupent souvent l'âme prête à quitter la terre, les pensées de M. de Staël se reposaient avec une tendresse passionnée sur l'être qui allait lui devoir le jour. Au rapide déclin de ses forces corporelles, son cœur avait conservé une vivacité d'affection qui semblait nous promettre la prolongation de son utile existence. Vaines promesses ! A l'âge de trente-sept ans il est allé rejoindre des âmes à jamais unies à la sienne sous les ailes de cette Clémence divine et paternelle que chaque jour il aimait à implorer au sein de sa famille (1). Du moins, quoique enlevé bien jeune à notre amour, il a eu le temps de justifier dans le sens le plus chrétien la prédiction que M. Necker avait faite dans l'enfance de son petit-fils : « Auguste sera philanthrope, il sera » tout pour les autres ». Oui, il l'a été, dans ses dernières années surtout, grâce à l'ascendant du christianisme, auquel il avait abandonné toute son âme et dont il travail-

(1) M. de Staël célébrait tous les jours dans son château de Coppet un culte domestique auquel ses gens assistaient. Il leur lisait quelques pages de la Bible, et priait avec eux et pour eux.

lait incessamment à étendre l'empire. La divine religion avait épuré son cœur et sanctifié ses œuvres ; elle prépara et sanctifia sa mort. Cette fin, empreinte de tant de foi, d'espérance et de charité, laissera un souvenir ineffaçable dans notre patrie, que M. de Staël aima d'une affection si profonde. PRIEZ AUSSI, dit-il aux personnes qui entouraient son lit de mort, et ce furent ses dernières paroles, PRIEZ AUSSI AVEC MOI POUR CE CANTON, POUR CETTE RÉPUBLIQUE; DITES TOUS AMEN AVEC MOI.

NOTE A. (page 6).

A défaut d'autres preuves, le passage que nous allons transcrire suffirait pour prouver l'affection que M. de Staël portait à notre pays.

« La terre de Coppet est située dans cette partie » de la Suisse française qui, après avoir été préparée à la liberté par la religion protestante, par » l'instruction publique, et par le régime paternel, » si ce n'est éclairé, de la république bernoise, » jouit maintenant avec calme et avec bonheur des » bienfaits de l'indépendance. Autour de moi les « terres sont tellement divisées, que le plus grand » nombre des propriétés reste au-dessous d'un ar- » pent. Je crois néanmoins pouvoir affirmer qu'aucun » point de l'Europe n'offre une pareille image de » prospérité. Loin que la population y surabonde, « la main d'œuvre y est plus chère que dans aucun » pays du continent. A peine la charité active des » gens de bien y trouve-t-elle de la misère à sou- » lager ; et les secours reçus avec reconnaissance, » lorsqu'ils sont donnés avec affection, seraient re- » poussés avec fierté, s'ils étaient offerts d'une main » dédaigneuse. Nulle jalousie haineuse envers ceux » qui sont plus favorisés de la fortune, nul orgueil » qui détourne les hommes d'aucune profession utile; » point de cette disposition servile qui se dédommage

» de l'humilité auprès des forts, par l'arrogance » envers les faibles, et partout l'indépendance et le » bonheur ». *Lettres sur l'Angl.* p. 97 et 98.

NOTE B. (page 8).

Madame de Staël désirait vivement que son fils se vouât à la carrière des Lettres. Elle combattait sans relâche, et avec toutes les armes qu'elle maniait si bien, le goût qu'il manifestait pour les sciences exactes et naturelles; elle le raillait sur ses expériences de chimie et de physique. Dans le but de l'en détourner, elle engagea même un de ses amis à composer une comédie, *l'Amour alchimiste*, qui fut jouée au château de Coppet.

NOTE C. (page 18).

Le passage suivant achèvera de faire voir qu'aux yeux de M. de Staël l'amour de la vraie gloire était un besoin d'obtenir l'estime de ses semblables et non point un calcul de la vanité :

« L'opinion publique d'un peuple libre est plus » puissante pour stimuler les facultés, que les pri» viléges de naissance et de fortune ne sont habiles » à les éteindre. Elle dit au jeune héritier d'une » famille patricienne : Les usages de l'université vous » donnent le privilége d'obtenir sans effort les hon-

» neurs qui sont pour d'autres le fruit d'un travail
» assidu, mais l'amour de l'étude, mais l'estime de
» vos condisciples est au-dessus de ce privilége.
» Elle dit au noble parvenu à la jouissance de son
» rang : Les lois et les mœurs de votre pays vous
» accordent de grandes et faciles prérogatives, vous
» pouvez en jouir dans l'oisiveté ; personne ne vous
» les contestera, personne ne viendra vous con-
» traindre de faire quelque chose pour un ordre
» social qui a tout fait pour vous ; mais si votre
» cœur est animé de pensées généreuses, j'ai de
» plus hautes récompenses à vous offrir ; venez mé-
» riter le repect des gens de bien et les applaudis-
» semens d'un public éclairé ». *Lettres sur l'Angl.* p. 117—119.

NOTE D. (page 20).

« L'esprit humain, a dit Luther, ressemble à
» un paysan ivre qui voyage à cheval ; il penche
» d'un côté ; le redresse-t-on, il penchera de l'au-
» tre ». Et cependant l'homme et le cheval avancent, ajoute M. de Staël. *Not. sur M. Necker*, p. XLIV.

NOTE E. (page 21).

» A toutes les époques de l'histoire, mais surtout
» dans le temps où nous vivons, l'intérêt qu'inspirent
» les nations est proportionné bien moins à leur puis-
» sance ou à l'étendue de leur territoire qu'au degré
» de liberté dont elles jouissent. La petite république
» d'Athènes occupe plus de place dans la pensée des
» hommes que les innombrables troupeaux de bar-
» bares soumis au sceptre des despotes de l'Asie,
» et si nous observons l'Europe moderne, nous ver-
» rons qu'elle offre le même phénomène moral.....
» Partout où se manifeste un rayon de liberté, là
» se porte l'attention des pensées et l'intérêt des
» hommes de bien ». *Lettres sur l'Angl.* p. 2 et 3.

NOTE F. (page 22).

« Ce ne sont pas quelques hommes d'esprit ou
» même de génie, quelques penseurs hardis, ou
» quelques théoriciens ingénieux qui constituent la
» force morale et politique d'une nation. Cette force
» consiste dans les lumières moyennes, dans la con-
» naissance générale des principes et des institutions
» pratiques auxquelles appartient la direction des
» affaires humaines. Ce sont ces lumières moyennes
» qui font l'homme d'état, le jurisconsulte, le ma-
» nufacturier, le commerçant, en un mot, tous les
» membres actifs d'une communauté bien orga-
» nisée ». *Lettres sur l'Angleterre*, p. 28.

NOTE G. (page 22).

« Les seules garanties réelles que le souverain, » peuple ou roi, puisse donner aux individus, ce » sont des principes d'ordre et de justice et la pu- » blicité, qui empêche que l'on ne soit tenté de » s'en écarter ». *Not. sur M. Necker*, p. CLIV.

« Une sorte de pudeur m'empêche de reproduire » les déclamations vides de sens auxquelles les en- » nemis de M. Necker se livrèrent contre la publi- » cation du *Compte rendu*; il serait même difficile » d'expliquer aujourd'hui comment on pouvait sé- » rieusement faire un crime à un ministre d'avoir » soustrait les finances à cette *obscurité majestueuse* » dont les affaires d'état veulent, dit-on, être en- » veloppées. Si l'on raisonne selon le sens commun, » les nations ont droit à connaître l'étendue de leurs » sacrifices et l'emploi de leurs richesses ». Ibid. p. CLXV.

Dans les *Lettres sur l'Angleterre*, M. de Staël plaide éloquemment la cause de la publicité prise dans toute son étendue; il pense qu'elle doit même atteindre les personnes : selon lui le plus précieux, le plus moral des avantages de la liberté de la presse est « d'habituer les hommes à vivre en présence de » leurs semblables, de contenir par le frein de » l'opinion, de stimuler par l'éloge ou le blâme

» ceux que leur sentiment moral ne suffirait peut-» être pas pour maintenir dans la ligne du bien ; » de substituer à la délicatesse pointilleuse des salons » le besoin noble et viril de produire ses actions » au grand jour, et d'appeler sur sa conduite l'exa-» men de ses concitoyens..... Aucune portée d'esprit » ne supplée à la longue habitude des mœurs d'un » pays libre ». (p. 36 et 37).

Quant à la publicité des votes, « Les partisans » du vote secret, dit-il, oublient que le grand bien-» fait d'une élection libre est moins de porter tel » ou tel nom à la députation, que de mettre les » citoyens en contact, que de ranimer leur patrio-» tisme, que d'électriser, par l'entraînement de » l'exemple, ceux qui, abandonnés à eux-mêmes, » retomberaient sous l'empire de l'égoïsme et de » l'apathie ». (334 et 335).

« Ne cessons de répéter que *liberté* et *publicité* » sont deux mots, sont deux idées, sont deux sen-» timens inséparables ». (p. 337).

www.ingramcontent.com/pod-product-compliance
Lightning Source LLC
LaVergne TN
LVHW010304230826
846091LV00007BB/2700

* 9 7 8 2 0 1 3 3 6 8 6 7 4 *